허허

김완철 제3시집

허허

신아출판사

自序

눈길을 나섰다.
간밤에 얼었던 길 위에 눈이 내려 빙판이다.
아내의 팔을 부축하고 조심스럽게 한 발 한 발
내딛는다. 조금만 중심을 잃어도 자빠질 판
이 길을 함께 걸어온 지 어느새 7년이 지났다.
이틀에 한 번 투석을 받는 아내의 짐을 나눠
가지려고 했지만 언제나 같은 고행 길이다.
그러나 짐은 등에 지면 무겁지만
가슴에 안고 가면 사랑이 된다는 것도 알게 되었다.
칠십을 넘는 고개에서
아이들이 나와 함께 오체투지로 걸어온
나의 글을 모아 시집을 내주었다. 고맙다.
이현 현숙 이경 이숙 이남아,
정성호 이명관 정홍진 사위들아,
여기까지 함께 걸어온 아내 한옥순에게
이 시집을 바친다. 나와 아내에게 다시 길을 걷게 해준
조백환 교수님 문치영 원장님에게도
감사드린다.

2013. 봄을 기다리며

가나다 김완철

차례

2부 · 함께하는 내과에서

3부 · 대한민국

4부 · 진안 인삼

5부 · 꼬리

1부
닭

닭

가택연금은 원죄 때문입니다
탈출을 위하여 발톱이 닳도록
지하통로를 시도하고 있지만
아직 역부족인가 봅니다
하루 세끼 국민연금을 받고 있지만
사후 보장은 전무이고요
뒷짐 지고 기웃거릴 자유뿐이고
초가지붕까지 날고 싶은 건
희망사항이지요
허지만
나를 지켜보는 이들에게 새벽을
알리는 사명감으로 날고 싶습니다

지팡이

내 손을 잡고
앞서거니 뒤서거니 하며
길을 안내해준다

헛발 딛지 않도록
내 몸에 찰싹 붙어
중심도 잡아준다

산행 길에서 나뭇가지로
다듬어 만든 지팡이
하산 길에 더욱 정이 들었다

사십 년 전 그렇게 만나
지팡이가 되어준 아내
험하고 어두운 길 동행을 한다

그녀는 나의 지팡이가 되고
나는 그녀의 지팡이가 되어
오늘도 산모퉁이를 돌아선다

뻐꾸기가 운다

용강산 숲에서 뻐꾸기가 운다
쑥꾹 쑥꾹 쑥쑥꾹

보릿고개에 앉아 쑥을 캐던
어머니가 운다

기린봉에서도 뻐꾸기가 운다
뻐꾹 뻐꾹 뻐뻑꾹

네가 보고 싶어
봄부터 운다

한노총 뻐꾸기도 거리에서 울고 간다
봄이 언제 왔냐고

전라도 뻐꾸기 남도 언어로
강원도 뻐꾸기 북도 사투리로

제 노래 제 설움에 맞춰
왼종일 목을 빼고 뻐꾸기 운다

허허

누구나 나를 보고 없어 보인단다
움푹 파인 눈가에 검버섯
귀밑까지 내려와 흐트러진 흰머리
색깔 바랜 잠바 차림
어디를 봐도 귀티 나거나
부티 나는 구석이 없다
사실 나는 아무것도 없는 사람 맞다
나의 시는 자연이 준 것이고
이름은 부모님이 달아준 명찰이고
내 자식들은 아내가 준 선물이며
내 몸뚱이도 부모가 준 것이니
나는 아무것도 없는 사내
허 허 아무것 없이도 잘 살아왔구나

무거운 짐

무거운 짐을 지고 가는 자들이여

다리를 건너가다
외로움은
벗어던져 버려라

산길을 걷다가는
가난을
풀어 놓아라

바윗돌같이 무거운
실망은
골짜기에 굴려 버려라

그래도
버리지 못하는 무거운 짐은
안고 가거라

등에 지면 짐이 되지만
가슴에 안으면
사랑이 된다

봄

꽃집 앞을 지나다
노랑 장미 화분을
하나 샀다

정원 한구석에
외로움을
파고 심다

현관 춘란이
꽃망울을
터트렸다

짙은 향이
코끝에
앉는다

아내의 머리에도
봄이
나비처럼 앉아 있다

도마뱀처럼

산다는 건
발바닥이 보이지 않게
달아나는 일

웅덩이에
풍덩 빠져서
산다는 건
돌 밑을 기는 일
한 뼘 돌 밑에 칩거하는 일
네 눈을 피해서
숨쉬는 일이다

산다는 건
무수히 꼬리를
자르는 일이다
네 발로 엉금엉금
기어서 사는 도마뱀처럼

저금통장

아내가 장롱 깊숙이
넣어 두었다

자식들이
명절에 보내준 봉투

생일 선물 대신
모아준 수표가

하나둘 모아져
그녀의 좀도리 쌀통에 쌓였다

외로움 대신
손에 꽉 쥔 저금통장

가끔 꺼내 읽는
반야심경이다

수석 1

동향의 계곡에서 비바람 맞고 냇물에 씻겨
굴러다니다 어느 심미안의 손에 잡혀 소장
되다가 경찰서 형사계 사복 경찰의 손에
넘어간 문필봉. 그의 책상에 앉아 두세 건의
사건 경위서를 훔쳐보고 놀랜 간이 콩알만
해져 이제는 그 자리도 밥 먹고 살 자리가
못 되어 아름다운 가게에 앉아 있던 호피석
하루 세끼 밥 찾아 먹지 않아도 배 따뜻하고
마음 편해졌고, 누가 이말 저말 해주지 않아
도 알 만큼 알았다는 듯 충혈된 눈으로 나를
응시하고 있다 세상만사 다 꿰뚫고 있다는 듯

수석 2

다리 밑에서
주워온 돌

쌓인 속세의 인연
털어주고 닦아주면
의젓한 좌불

창을 열어
새소리 바람 소리로
공양하고

뜨거운 눈빛을 보내면
차가운 가슴이 열리는
우리

빈손이었구나
무릎 위에
얹어놓은 손이

어머니
다리 밑에서
주워온 좌상

새야, 새야
— 이경, 이숙, 이남에게

새야, 나의 새야
오늘은 오랜만에 침대에서
병을 털고 일어나 마당에 나왔다
화단에 장미가 얼굴이 빨갛게 타 웃고 있구나
꽃을 바라보는 것만으로도 얼마나 다행한 일이냐
병실에 있는 동안 내 곁을 지켜준 덕분에
따뜻한 햇빛을 받을 수 있구나
누룽지를 끓여주고
다슬기장을 만들어 주어
힘을 차리게 해주고 따뜻한 체온을 주어
다시 일어서게 되었다
나도 이제 건강한 날개를 펴고 날고 싶다
잦은 비, 모진 바람 속에서도
좌절하지 말고 희망을 잃지 말고 헤쳐 나가자
새야, 서신동 숲과 먼 안산 창공을
솟아오르는 나의 새들아

꽃집 앞에서

많은 사람 수고만 끼치는 일체의
장례 의식 하지 마라
관과 수의를 따로 마련하지 말고
이웃에 방해되지 않는 곳에서
지체없이 평소 승복 입은 그대로
다비하라
가실 때까지 무소유를 가르치신
스님
무소유란 갖지 않는 것이 아니라
불필요한 것을 갖지 않는 것이라며
검소한 생활을 실천하신 분
잠시 봄꽃에 유혹되어 화분을 사려다
그냥 돌아선다
법정 스님의 가르침이 생각나

신호등

한 번은
파란 눈빛으로 유혹하고

다시 한 번은
충혈된 눈으로 거부한다

갈등과 소통을 무기삼아
반복하며

비가 오나 눈이 오나
자기 앞을 지킨다

줄세우기를 좋아하는 당신
가슴엔 오직 전류만 흐르지만

기다릴 때와 떠나야 할 때가
언제인지도 가르쳐 준다

가야 할 길과 가지 말아야 할 길도
한 수 가르쳐 준다

초하初夏

더위에 등 떠밀려 나온
나들목 가족공원

총화의 탑 닿은 하늘
심호흡하고 나는 새들
모두 나무 밑으로 숨는다

우주기지처럼 설치된 미끄럼틀
백일홍이 서 있는 잔디밭
푸른 동심이 점령하고
나무그늘마다 이야기꽃이 피었다

더위도 잊고
집도 절도 잊고
욕심 덩어리 내려놓으니
별들이 하나둘 내려와
가슴속에서 반짝거린다

가로등

매연을 토하고
시내버스가 지나가는 길
하얀 얼굴로 서 있다
책가방을 들고 뛰는 학생
폐지 실은 손수레를 끌고 가는 노인
내려다보이는 것은 모두 순간
순간이 모두 발등에 떨어진 불이어서
고개 들고
먼 산 한 번 바라볼 수 없다
푸른 하늘 바라볼 낭만도 없다
그러다가도 밤이 되면
갈등의 붉은 불을 켜고 구토를 한다
이 거리에 서 있은 지
벌써 사십 년째다

참새

곡식 낟알을 먹고 살아야 하는 원죄로
평생 시골을 떠나지 못하고
전깃줄에 앉았다가 마당에 착륙하고
배 채우면 다시 지붕 위로 날아가는
항로를 이탈하지 못한다
때로는 모래와 고독으로 허기를 채우는
곤궁에 처해 있어도 쉴 새 없이
날개를 가다듬는다
물 한 모금 먹고 하늘을 쳐다보며
한 번은 창공을 치솟아 오르리라 꿈꾸며
짹짹거린다

꽁초

뜨겁게 태우던 사랑은
아직도
가슴에 남아있다

너를 위해 흘릴 눈물은
지금도
마르지 않고 있다

너는 나를 버렸지만
나는 너를 포기 못 한다
영원히 영원히

젓가락

길이가 안 맞아
가끔 투닥거리다가
식사 때만 되면
밥만 퍼먹는 나의 수저 위에
이것저것 반찬을 골라 올려준다
휠체어나 워커 없이는
문밖 출입이 어려워도
항시 내 건강을 먼저 염려해준다
오늘 아침에도
아내는 내 수저 위에 사랑을 버무린
김치를 올려 주었다

소나무

푸른 꿈만 이고 산다
자작나무 참나무 모여 사는 숲
바위 틈새에 끼어
학처럼 외발로 서서
삼복과 삼한을 두루 섭렵하고
이끼로 단장한다
구름에 걸린 자태는
그의 화풍畵風
바람을 걸러내는 우우 소리는
그의 시어詩語다
귀가 있어도 듣지 않고
눈이 있어도 보지 않는다
함구한 채 서 있는
남산 위의 저 소나무

감사합니다

차용증서 한 장 써놓고
하루를 빌린다

선풍기 대신 문 활짝 열어
새 바람 맞이하고
화분에 심어 놓은
고추 상추로
아침을 싸서 먹는다
한낮에도 가로수 그늘이면
열 받을 일 없고
책꽂이에서 잠자는
명심보감 꺼내 다시 읽으니
정신줄 놓을 일 없다
얻어 먹고 얹혀 살면서
이만하면 되는 게지

고맙습니다
감사합니다
오늘 하루 반납한다

2부

함께하는 내과에서

함께하는 내과에서 1

삶의 돌멩이에 걸려 상처를 입은 사람들
티브이 앞에 모여 서로 마음을 연다
인공 신장기를 무겁게 등에 지고
아픔을 거르는 시간 상념은 잿빛으로 물든다
산허리 밭에서 잡초와 하루를 씨름하던 일
사무실 전화 소리에 꾸벅 잠 깨던 일
지난 세월은 벽에 붙은 한 장의 그림이다
이제 혼자 있어도
이 병실에서는 언제나 함께한다
함께 침대에 누워 온기를 느끼고
함께 식사를 하며 아픔도 씹어 삼킨다
함께한다는 것은
내일을 확인하는 것보다 더 소중한 일
간호사는 환자가 되어 함께하고
환자는 간호사가 되어 함께하는 병원
나뭇가지에 바람이 쉬었다 가는 사이
환자와 간병인도 함께
휠체어 바퀴를 돌리며 퇴원한다

함께하는 내과에서 2

문을 열면 대기실
지우개로 지워질 이름 석 자
칠판에 기록하고
벽에 기대어
오래전에 벽이 된 자판기에서
커피를 뽑아
약처럼 음미하면서 마신다
신발을 벗어 걸어온 길 내려놓고
차례를 기다리는 의자에 앉는다
기다림은 마음을 비우고
소망을 채우는 일
몸이 아픈 환자와
가슴이 아픈 보호자 모두
무탈을 비는 시간
낯을 익힌 사람들
바다로 흘러가는 강물처럼
수런거리다 하나가 된다

커피

밤사이 부부 싸움을 하고
세상살이가 싫어졌다는
사람아
창을 열고
아침 해를 바라보며
따끈한 커피 한잔하게나
커피 한잔 마신다는 것만으로도
살만한 가치는 있으니까

미안하오

물동이 한 번 들어주지 못해서
미안하오

아이들 키우는 동안
기저귀 한 번 갈아주지 못해서
할 말 없소

이런저런 핑계로 한 세월을
술타령으로 지내
미안하오

수술실 밖에서 아내를 기다리다
때늦은 후회를 해 본다

외식

마음 한가운데 점찍는 일
오늘은 함께하는 내과에서 한다
젊은 시절에 외식 한 번
시켜주지 못하여 미안했는데
요즘에는 이틀에 한 번
꼭꼭 와서 점심을 먹는다
서러운 외식을 한다
먹기 위해 사는가 살기 위해 먹는가
가슴 한가운데 새기면서
아내는 인공신장기 앞에서
나도 함께 수저를 든다

파리채

탁!
오만 한 마리 잡았다

탁!
편견 한 마리 잡았다

탁!
이번엔 고독 한 마리 놓쳤다

해충은
날마다 잡아도 줄지 않았다

오늘은
놓친 것 잡을 궁리나 하고 있다

봄눈에게

살다 보면 서로
시샘할 일이 많지
그렇다고
상사화 어린 순이 돋아나는데
매화가 방긋 피어나는데
소금을 뿌려서야 되겠는가

부추

솔바람만 불어도 흔들린다

산 아래 밭
한구석에 자라나
산그늘 품에 안기기도 하고
산새와 가끔 놀기도 한다

평생 하고 싶은 일은 구름에 닿는 일
꿈을 키워가는 일
그래서
산 아래 농부가 자란 꿈을
베어갈 때도 말없이 자라고 있다

솔바람에도 흔들리지만
오늘은
대궁 길게 늘이고
하얀 꽃 피워내고 있다

단풍

노랑
빨강
가슴이 물든 잎

활활 타다가
반만 타다가
떨어진다

나무아미타불에
매달렸던
어머니처럼

하나님
잡던 손 놓은
누님처럼

허공
한 바퀴 돌다가
떨어진다

외출

우유 한 병 샀다
달랑 우유 한 병이다
그런데 오른 어깨에 무게가 들어간다
언제부턴가
냉장고에 우유가 보이지 않는 날이면
우유를 사서 채워 두었다
그리고는
내가 할 일이 아직도
남아있는 게 얼마나 다행한 일인가
안도했다
손자의 우유를 사던 날
발걸음이 가벼웁다

산속에서

대아저수지 수목원 지나
무릉도원 못 미처
깊은 산속 옹달샘 방갈로
산과 산이 겹치고
나무와 나무가 어우러져
하늘 높은 계곡
무거운 엉덩이 내려놓고
뜨거운 손 씻는다
산새를 쫓고 나비 날려 보내는
아이들의 환호성
물소리보다 시원하다
잊고 지내던 거
잃고 살았던 거
호주머니에서 꺼내보는 시간
선녀탕에서 물놀이하던
아이들이 토끼처럼 잠이 들면
오늘 밤만이라도 하안거에
들어야 할 것 같다

봄비를 기다리며

신종플루 한파가 몰아치고
아이티의 지진 재앙으로
얼어붙은 세상

복지사업 근로자들이
쓰레기를 주우며
웅크리고 지나간 거리에선

둥근 화분 속
꽃배추가 눈雪을 비비며 깨어나고
무탈을 비는 나무들이
봄비를 기다리며 서 있다

어린이 놀이터에서

바이킹 호에 승선하다
어린이 틈새에 끼어
여행길에 오르다
파도와 바람이
가슴에 와 닿다
점으로 나타나다 스쳐가는 섬
머리 위를 나는 갈매기
인도양을 지나
대서양을 항해하고 되돌아오다
보물섬은 발견하지 못하고
좌우로 흔들리는 바이킹 호
어린이 속에서
어린이가 되어
야호 함성을 지르고
깔깔 웃다
오랫동안 잃어버린 웃음을 찾고
배에서 내린다

자화상

지난밤에 내린 눈으로
소나무가 휘어졌고
바람 소리라도 잡으려는
망원렌즈는 멀리
초점이 맞추어 있다
대북 방송을 하던
확성기는 꺼졌지만
무언의 총알을 장진해 놓아
위험은 항시 열려 있다

토사가 밀려나 패인 자리
잡초가 무성한 면상
일월이 불침번으로 교대하는
비무장지대다

빈병

뚜껑이 열린 병이다

동네 나들이 가게에서
재고로 남아있다가
한 남자에게 지문이 찍혀
유혹에 입술도 주고 간도 빼주고
한 방울 사랑까지도
남김없이 쏟아 준 빈 껍데기
그러나
뚜껑이 열려 용도가 다양해진 병
커피를 마시며 남자의 빈 시간을
채워 주거나
가뭄 탄 가슴을 적셔 주기도 하고
꽃을 꽂아놓고
책을 읽는 돋보기 사이로
그의 눈빛과 교감을 나누는
변신이 능한

이제 뚜껑이 필요 없는 여자다

생각하는 사람

손으로 턱을 고이고
앉아 있다
로댕의 생각하는 사람

땀을 흘리며
서 있는
개미를 향해
나무 하나가 그늘을
등에 지고
개미처럼 기어가는 것을
물끄러미 쳐다보고 있다

가슴에
눈이 달린
생각하는 사람

연

가을걷이가 한창인 들
제방에 앉아 초동이 띄운 편지
가슴 날개와
엉덩이에 붙인 꼬리로
처서 지난 바람길 찾아
청순한 하늘을 비상하고 있다

구름과 대화하며
지평선까지 솟아오르는 긴 사연
몽당연필로 침 바르며 쓴
글자들이 선명하다

해 질 무렵이면
눈알이 빨개지면서
떨어지며 가슴을 접는 연
수신을 거부하며 하늘이 어두워진다

계란

바구니에 앉아 있다
포물선으로 생을 지탱하며
굴리면 한없이 굴러갈 땅을 접고
수석으로 앉아
노란 온기를 포옹하고
기다리고 있다
기다림은 깨지기를 위한 아픔
깨지는 것이 깨어남이라는 것도
터득한다

지나가는 바람에도 흔들리는
갸름한 얼굴 하나
의자에 앉아 있다
부화를 꿈꾸고 있다

삼백초

손바닥만 한 정원에
한 뿌리 심다
앵두나무 골담초 등살에도
어깨 비집고
시멘트 벽돌 사이에도
고개를 들고 나온다
산기슭에서 태어난 자생식물
고난 역경에도 굴하지 않고
쭉쭉 뻗는 기상
세계로 뻗어가는 한국인 상이다
철들어 갈아입은 흰 저고리
밤새워 생각하다 하해진 머리
흰 뿌리로 내린 토박이
금수강산의 주인
우리 모두 삼백초 아닌가

바둑 참전기

백발의 두 노인이
흑백으로 갈라
바둑알을 놓는다

백마고지를 두고
사수하려는 아군과
점령하려는 적군의 총성과 포성이
산천을 흔드는
한 수 물러설 수 없는 교전
처처이 호구로 매복한 적군을
각개전투로 섬멸하는 아군
시간이 갈수록
야전병원엔 전우와
천사들의 시신이 늘어나고
후방에서도
허위흑색선전으로 인심을
흉흉하게 만들어
기를 꺾는 심리전도 펴고

일진일퇴를 거듭하는 사이
전후방이 따로 없는
전면전이 되었다

포석을 하는 두 노인
풍전등화에서 나라를 지킨
힘을 보여준다

가끔

가끔
일찍 일어나 냉장고 반찬을
내어 놓습니다

가끔
청소기를 들고 방과 현관을
청소합니다

가끔
장바구니차를 끌고 모래내 시장에
다녀옵니다

내가
아내를 위해 할 수 있는 일은
아주 작은 것

가끔 아주 가끔
당신은 아직도 젊은 때처럼 예쁘다고
말도 해주지요

3부

대한민국

대한민국 1
— 노숙자도

성은 노씨요 이름은 숙자다
강남 땅 한 평 없어도
가로수 그늘 밑은 그의 땅
장의자에 길게 누우면
여닫을 문이 필요 없는 그의 집
새소리 가깝게 들리고
물소리 멀리 들리고
앞산 훤히 보이는 전망도 좋아
천정天頂의 별을 세다가
꾸벅 잠이 든다

구름의 손자
노숙자도 함께 잘 사는 나라

대한민국 2
— 선거

선거 때에는 국민이
귀중한 한 표로 보이다가
끝나자마자 떨어지는 낙엽으로 보인다
공약과 실천은 따로 국밥이라
우선 발표부터 한다
선거 내내 웃고 있지만 그것은
가면의 힘이고
진실은 연극이 끝난 후에 웃는다
국민은 항시 어리석어서
포장지만 보고 선택하고
오랫동안 후회하고
반복하는 습관이 있다

이래서는 안 되는 풍토
선거문화 바로잡았으면

대한민국 3
— 청문회

우리들의 선량과
대법관 후보자가
대치해 있다

미리 준비한
위장전입과 부동산 관계
병역사항

각종 의혹의 돌멩이
주머니에서 꺼내어
후보자에게 던진다

표정 하나 구기지 않고
조목조목 답변하는 후보자
미리 준비한 듯 거침없다

위치를 바꿔
돌멩이를 던져보면 어떨까

그분이 그분인 청문회

야 하면
여 하고 응수하며
오늘도 무승부로 끝을 낸다

대한민국 4
— 개

두 마리의 개가
골목에서 맞서 있다

뼈다귀 하나를 놓고
힘겨루기를 하고 있다
깃털을 세워 기세를 잡고
긴 이빨을 드러내놓아 공격
자세를 취한다
먼저 본 자가 임자다
힘이 센 자가 임자다
향방을 알 수 없는 승부수를 놓고
한 치의 양보도 없는 대결

막다른 골목에서
우리는 서로 이빨을 내놓은 채
으르릉대고 있다

대한민국 5
— 금수강산

생시의 치적만큼이나
웅장한 왕릉
학습 나온 학생들
발길 끊이지 않는다

생시의 부富의 체적으로
넓은 마당을 차지한 부유층의 묘지
왕릉보다 호화로워
새들의 노래 끊이지 않는다

소나무가 서 있을 자리
사과나 배나무가 들어설
명당을 빼앗기고
푸른 산이 엎드려 울고 있다

예나 지금이나 가진 자가
대접받는 금수강산

대한민국 6
— 한일전

말만 앞세우고
바다를 건너간 조광래호 축구
일본 호에 빠져 침몰하다

지피지기 병법을 모르고
자만심에 젖은 무기력한 우리에게
일침을 준 교훈

자 떠나자 동해 바다로
독도는 우리 땅
우리들의 이 노래만큼

독도와 동해 문제도
국제심판이 우리 손을 들어줄까
한일전 대비해 지혜를 모았으면

대한민국 7
— 추석

이산가족 상봉의 날
두 개의 달이 뜬다

고향으로 달리는
고속도로 길 가다서다
느티나무가 서 있는
시골 마을에 다다르니
벌써 달이 떴다
달빛에 마중나온 어머니의 허리는
더 휘어졌다

서울 아들네 찾아
노부부가 상행선 버스에 오른다
한강대교를 지나고
아들 따라 찾아온 아파트
찹쌀 마늘 보따리 내려놓고
술 한 잔에 산 조상 한 마디 한다
서울의 달은 크기도 하구만

해마다 이 강산에 추석은 오고
이제는 두 개의 달이 뜬다

대한민국 8
— 노인 요양병원

노인 요양병원에서 기거하는
몸베 차림의 할머니
신장내과에 와서 투석을 받는다

겉으로는 멀쩡해 보이지만
우울증 환자
노인을 그곳에 맡기고
코빼기 한 번
보이지 않는다는 아들
그래도 아들이 보고 싶다고
눈물 글썽인다

고려장에 방치된 노인들
노인들의 나라 삼천리강산

대한민국 9
— 굿모닝

중국산 배추로 절여 만든
김치 한 젓가락과
호주산 사골 곰탕 한 그릇을
먹고 나선 아침
사촌 동생을 만나
제수씨의 고향 베트남
하노이와 메콩강 이야기 듣는데
이웃 노인이 사이에 낀다
굿모닝 아침 인사와 함께
이번 시험에 올백을 맞았다는
손자 자랑을 늘어놓는다
좋은 아침

아침 밥 먹었나? 하면 어색한 사회
국제화 바람에 나뭇가지가 흔들린다

대한민국 10
— 요구르트 아줌마

노란 간소복에 노란 모자
언제나 개나리꽃 피는 봄이다
우유와 요구르트
우편 배낭처럼 이륜차에 매달고
이 골목 저골목
대문 집 아파트 찾아다니느라
의자에 앉을 겨를 없지만
배낭을 비우고야
바람에도 감사하며 땀을 씻는다
눈비가 와도 쉬지 않는
건강을 배달하는 우리 아줌마

연예인을 따라 다니며
환성을 지르는 아줌마보다 더 아름답다

대한민국 11
— 점을 보는 사회

작은 모래내 점집 거리
담양 대나무가
홍기와 백기를 들고 펄럭인다

결혼이나 사업 운 이사 택일
자녀들 직장이나 대학 합격 운까지
고민을 해결해 주는
지리산 도사 천상보살
족집게 도사가 사는 골목
가끔 징소리 북소리가 신의
목소리처럼 흘러 나온다

어느 날 간판을 내리는 사업소
계속 치솟던 주식이 바닥을 치는 회사
예측 불가한 일들이 자주 일어나는 나라
점이나 한 번 보시게

대한민국 12
— 농사

일 년 내 땀 흘려 가꾼 벼
이삭이 여물어 간다
아침저녁 시원한 바람과
따갑게 내려쬐는 태양으로
알찬 가을걷이가 기대되지만
산 너머 이웃 지역은
태풍이 지나가 백수현상으로
쭉정이 농사를 지어 울상이란다
희비가 엇갈리는 농사

어느 날
시내버스 승강장 사람들 틈에서
담배를 피우는 학생을 보았다
고뇌에 찬 모습을 연출하며
태연하게 연기를 내뿜는 학생
지나가는 이들 모두 무관심하다
자식농사를 백년농사로 여기는 우리들

병충해와 재해가 없는 나라 농사
예방만이 최선책이다

대한민국 13
— 명품가방

아름다운가게 한편에 옷이 보인다
거울 앞에서 옷매무새를 고치고
막 외출하려는 사람들처럼 서 있다
장롱 속에서 잠자던 예복
한 번 입고 걸어둔 간소복
나들이 복 아동복 춘하추동의 옷
기증자의 아름다운 향기가 남은
옷을 고르는 사람도 많다
개구쟁이 옷을 고르는 알뜰주부
베트남에서 갓 시집 온 새댁
청바지를 고르는 젊은이
모두 헌 옷을 입어도 몸에 딱 맞고
예뻐 보이는 사람들이다

명품가방을 들고 다녀도 짝퉁가방처럼
보이는 여자들보다 더 예뻐 보인다

대한민국 14
— 원룸바람

골목마다 바람이다
구멍가게 헐고
원룸 세우기 바람이 일고 있다

잘 나가는 장사
흥청망청 먹자골목에
차가운 바람이 지나고
이제는 헐고 부수고 망치질하고
거푸집 올려 원룸 세우기 바람이다

고시생 단칸방에 사는 홀아비
나 홀로 세대 불러 모으는 바람
어디서 시작했는지
어디까지 갈지 모르는
바람 바람

은행 대출 받아 시작하는
원룸의 바람이
우리 경제를 살릴지 모르겠다

대한민국 15
— 문패

꽃가게에서
관음죽 군자란 꽃기린
각기 이름표를 단 꽃을 구경하다
농협에 들렀다
꽃처럼 가슴에 명찰을 단 직원이
낯설지 않음은
이름표 하나가 주는 친근미 때문이
아닐까

허지만 골목길 집 대문의 문패는
부재중이다
담장을 높이 올리고 이웃사촌 이름도
모르고 산다
알려고도 않는 골목에서
나 홀로 문패를 붙이고 산다

대한민국 16

— 빛과 그림자

비 오는 날 우산장사와
아이스크림장사

앞치마 차림으로
붕어빵을 찍어내는 여자
일억 회원권으로
피부 관리를 받는 부인

회사 돈으로 주식 사는 총수
재산을 사회에 환원하는 철수

회전의자에서
턱을 고이고 생각하는 사장
나무의자에 앉아
구두를 닦는 사람

고급 승용차가 지나가고
티코도 지나가는 나라

대한민국 17
— 겨울비

국회 안방에서는
에프 티 에이로 여야가
티격태격하고

머리띠를 두른 노동자들은
광화문 광장에 나와
옥신각신하다

꽃은 피고지고 나뭇잎 떨어져
겨울비 내리는데
우산도 없이 나무들 서 있다

얼마나
떨고 있어야
봄이 올까

비가 내리는 전라도 길
눈이 쌓이는 강원도 산
박자도 안 맞는구나

대한민국 18
— 나씨의 전성 시대

노적봉을 이룬 산
젖처럼 흐르는 강
바다가 있어 살기 좋은
강산

나가수의
노랫소리
나시인의
시어가
꽃이 되어
피어 있는 나라
나꼼수의
나팔소리에
잠이 퍼뜩 깬다

대한민국 19
— 강남 스타일

언제 한 번 아리랑 고개를
신나게 넘어 본 적이 있는가

과거 보러 천 리 길
말 타고 가던 선비가
언제 한 번 돌아이가 되어
커피 한잔 원샷 때리고
누구에게
따뜻한 사람 되어 본 적 있는가

뭉치어 있던 기가
폭발하니 그런 사나이
아름다워 사랑스러워
일할 땐 이마에 땀방울이 송골송골
놀 때는 노는 여자 그리고 사나이
달리는 놈 위에 나는 놈도 아는
아이들

서울 광장이 뜨겁게 타오르는구나
대한민국이 날고 있구나

대한민국 20
— 꽃

이거였던가 이거였던가 하고
꽃이 핀다
이게 아닌데 이게 아닌데 하고
꽃이 진다
수년 동안 하던 수법으로
수십 년 동안 하던 수법으로
앵두꽃은 앵두나무에서
살구꽃은 살구나무에서
울면서 꽃은 피고
웃으며 꽃은 진다

4부
진안 인삼

진안 인삼人蔘

깊은 산속
별채에서 산다

덧발 사이로
떨어지는 햇빛을
물방울처럼 받아 마시고
흐르는 빗물
빨대로 마시며
우회迂回를 배운다

뻐꾹새 노래로
득음을 하고
빨간 산딸기 향에
취하기도 하며
눈꽃에 덮힌
겨울 산을 그리다가
다섯 해를 보낸다

멀리 떨어져 살지만
그래도 사람 냄새가 그리운
동자승이다

태고정

한 점 흰 구름 이고
용강산 어깨 맞대고 서 있다

옥천암 종소리
송림의 학
소요대 낙수
성남의 뱃노래
잊지 못한다

주자천
정자천
안자천 모여
아이처럼 칭얼대는
용담호를 본다

진달래꽃
도로를 따라
오가는 세월

침묵을 기대고
네 귀를 열었다

눈사람

소년이 서 있다
길을 잃은 소년이 서 있다
옷을 걸치지 않아도
추위를 모르는 천덕꾸러기
눈 속에서 바람을 맞고 있다
먼 훗날 다시 만나도 정들 코흘리개
까만 눈을 가진 소년
손때 묻지 않은 가슴이 하얀 소년

휴전선 철책을 지키는 군인처럼
빙하기를 지키고 있다
녹지 않은 꿈을 지키고 있다

양비둘기

소나무와 참나무가
어우러져 사는 마이산
벚꽃 길을 들어가다
탑영제 앞에서
금당사 목탁소리 듣다
돌탑과 나란히 선
마이봉 하늘채 3층
천 년 둥지 틀고 사는 양비둘기
할아버지 대대로
아들 낳고 딸 낳고 산다
구차苟且한 저 처신

구구구
서로의 이름 불러주며 산다
당신이 오가는 모습 바라보며

이조의 해가

동헌마루 사또의 관모에서 객사의 문턱에서
이조의 해가 뜨고 저잣거리 대장간에서 주막
에서 서문 안 돌담장 담쟁이덩굴에서도 이조의
해는 뜬다 판소리에 목청을 뽑는 수탉의 벼슬
에서나 콩이나 감자 바구니에서도 이조의 해는
시름시름 앓다가 지고 수문장의 어깨너머로
순무어사처럼 낙안읍성을 돌고 있는 사람들의
머리 위로도 이조의 해는 세월을 삼키고 지고
있다

다슬기

업자다

강북에서 땅값이 오른
강남으로
너도 나도 우우 몰려와
길도 아닌 길을
삼보일배로 걸어왔다

물은 좀 흐리지만
해금만 많으면
되는 세상에
무엇이 대수인가
문제가 있으면
모래 속으로 숨는다
구름이 끼면 아아
생명도 투기해보고 싶어한다

바위 위로 까맣게 올라선
실업자들

무주호에서

산도 외로워
성큼성큼
민가로 내려오는 저녁

반딧불 펜션
다락방에서는
나의 강아지들이
물썰매 놀이에 피곤했는지
하나둘 잠이 들고
거실에서는 아내가
둥지를 떠났던 나의 새들과
둘러앉아 채곡채곡 쌓인
이야길 풀어헤치는 시간

무주호에서는
가로등이
달이 되어 뜬다

유달산

사공의 뱃노래 아물거리는
이난영 노래비가 서 있다

싸우지 않고도 왜구를 물리친
노적봉이 거기 있다

나라 걱정에 깊은 시름에 빠진
충무공 이순신 장군이 서 있다

난세 아닌 난세에
사람들이 산을 오르고 있다

도라지

도라지를 화분에 심다

텃밭에서 캐었다고
처남이 보내준 것
흰 살결 쭉 뻗은 긴 다리가
미인이다
저녁 반찬에 쓰려고 내놓은
것 중에
아직 덜 자란 것으로
뇌두가 튼튼한 도라지 세 뿌리를
골라 마당 한구석에 쭈그리고
있는 화분에 심었다
잡은 물고기를 방생하는
의식으로

하얗게 꽃필 봄을 기다린다

곰소에서

안개구름이 자욱이
내려와 앉은 바다
어선이
발목이 잡혀 떠 있다

염전처럼 펼쳐져 있는 어시장
조개가
푸른 바닷물을 밀어내고
넙치는
한 눈으로 남은 시간을
삼키고 있다

변화를 찾아 헤매는 사내가
여기서도
소금끼에 절어
갈매기처럼 물고 날
생선을 고르고 있다
펄펄 뛰는 한 해를 고르고 있다

굴뚝

꿈을
쏘아 올리는
인공위성 발사대

긴 세월
까만 가슴
태우고서

산등성이 넘어
우주로
하얀 교신을 한다

마을 입구
대장군과도
교감을 잊지 않는다

까치도
가끔 찾아와
쉬었다 가는 연대

천리향

나비가 날아들지 않아도
꽃은 핀다

봄의 발자국 소리만 들어도
꽃은 핀다

창문을 열고 기다리는 이만 있어도
꽃은 핀다

꽃샘추위에도 천리향은 피어나
정원에 가득 향을 채우고 있다

꽃길에서

아이가
아장아장 걷는다

할아버지가
어정어정 따라 간다

아이가 꽃을 보고
방긋방긋 웃으니

할아버지도 나비를 보고
벙긋벙긋 웃는다

아이는 꽃길을
앞만 보고 걷지만

할아버지는 이 길을
뒤돌아보며 걷는다

용궁화 맞이

산수유가 벙긋 반긴다
지리산 둘레길 따라
헐레벌떡 달려온 나에게
올해 몇이냐고 묻길래
모자 벗으며 흰머리 꽃을 보였더니
노랗게 웃는다
일천백이십 살이라는 명찰을 보이며
초등학교 입학생처럼 웃는다
지리산 봉우리 푸른 소나무 보다
더 꿋꿋하게 서서 아들 손자와 함께
웃음꽃을 터트린다
온종일 계단식 밭두렁에서는
여인들이 나비처럼 앉아
얼굴을 내민 쑥을 캐고 있다
푸른 봄을 캐고 있다
하늘에는 풍선 하나가 걸려 있다

팽이

매가 무서워
땅을 짚고 일어났다

매가 좋아
돌기 시작했다

어지럽게 돌아야
산다는 걸 알았다

정치인도
돌았다는 것을 알았다

이제야 지구도
돈다는 걸 믿게 되었다

장승

마을 입구
눈을 부릅뜨고
서 있다

천하를
지키는 대장군
지하를
다스리는 여장군

안아 줄
뜨거운 손이 없고
기대어 줄
어깨도 없는 부부

허지만
사랑 한 잎
파릇파릇 싹 틔우고
사는 사이

장모님

평상에 앉아 새벽별 보는 것이
유일한 휴식
수저 놓기 무섭게 걸레를 들고
밤사이 쌓인 먼지와 고인 냄새를
쓸고 닦는다
팔 남매를 키우며 쌓이고
응어리진 가슴도 함께 닦는다
보한이골 밭을 오가며 단련된
손발에 힘이 솟는다
때로는 주렁주렁 매달린 감나무를
쳐다보는 시간
잠시 떨어져나간 아들 손자
생각하다가
장바구니를 내려놓으면 이것저것
제쳐놓고 콩나물을 다듬는다
희끗희끗 흰머리가 보이는 딸과
함께 앉아 콩나물을 담고
지난 이야기도 서로 담아준다

일거리는 늘그막에 행복을 주는
소일거리
저녁 햇살에 장모님 얼굴이 모처럼 붉다

골담초

버선 꽃이다

빨래터에 갈 때나
시장에 갈 때도
벗어 놓고 가는
오래오래 신으려고
아껴 신는
우리 할머니
우리 어머니가
걸어놓은 예쁜 버선 꽃

올해에도
정원 한구석에
걸어 놓았네

후회

하나는 할 수 없다
탄줘잉의
살아있는 동안
꼭 해야 할 49가지 중에
고향 찾아가기 등 48가지는
당장 해보고 싶은 것들이나
부모님 발 닦아드리기는
할 수 없다
얼마나 안타까운 일인가
그동안 한 번도 못 해 드리고
이제는 한 분도 안 계시니
늦게야 후회를 배운다

매미

나와 너의
건강을 위하여

우리의 가족과 직장의
발전을 위하여

조국과 세계의
평화를 위하여

매미는
나무의 절벽을
오체투지로 기어오르며
여름 내내 울고 있다

5부

꼬리

꼬리

주인 앞에서 꼬리를 치는
개와

위험 앞에서 꼬리를 자르는
도마뱀의

영악한
생존법을 터득한 나는

직장에서 내내 꼬리 흔들며
푸른 시절을 보내고

이제는
아내 앞에서 꼬리를 내린다

꼬리 내리고 궁상을 떨며 산다
가정의 무궁한 평화를 위하여

돌

흐린 강을 가로지르는
어머니의 다리

다리 밑에서 주워온 돌
나는

디딤돌인가 걸림돌인가
아니면 좌대에 올려진 수석인가

'외' 字에 대한 명상

삶이란 늘
외부와 접촉 없이는 불가능하다
그래서 우리는 가끔
외식으로 일상의 변화를 주기도 하고
컴퓨터에 앉아서 처리할 수 없는
일을 위해
외출을 하기도 한다
아내와 사소한 일로 다투곤
외박을 한 밤
곰곰이 생각해 보곤
외고집을 풀고 화해하기도 하고
길을 잘못 들어
외골목에서 방황하기도 한다
외모만 보고 아군으로 판단했다가
외나무다리에서 혈투를 벌이기도 한다
외상으로 소도 잡아먹고
외통수를 맞기도 하고
외로움에 질질 끌려 다니다가 언젠가는

외기러기가 되어
외계로 날아간다

아직도 나는

이소연 씨가 소유즈 12호를 타고 우주 정거장으로 가는 시각에 나는 팔을 벌리고 꿈속을 날다 개헤엄을 치며 우주 정거장 같은 고목나무에 앉기도 하고 산 정상에 올라 세상을 아래로 내려다보다 현기증으로 멀미를 하기도 한다 그녀가 우주 정거장에서 푸른 지구를 바라보는 동안에도 침대에 빠져 있다가 그녀가 소유즈 11호를 타고 우리들 세계로 내려와서야 나는 발버둥쳐서 꿈속을 빠져나왔다 나는 아직도 코흘리개 소년이다

가끔 손을 잡는 이유

꽃이 화단에서
피고 지는 것은
계절이 지나가기 때문이리라

새가 나뭇가지에서
지저귀는 것은
아직도 노래할 이유가
남아있기 때문이리라

내가 가끔 아내의
손목을 잡아 보는 것은
아직도 따뜻한 사랑이
흐르는지 확인해 보기
위함이다

혀

장마로 논둑이 무너져도 복구하고 태풍으로
다 익은 벼가 도복이 되어도 일으켜 세우는
농민에게, 쌀값보다 비룟값이 오를 때나
풍년이 되어 쌀값이 내릴 때에도 속으로 가슴
만 태우는 농민들에게 돌아갈 쌀 직불금이
공무원을 비롯한 정치인 등 비농업인 십칠만
명이 혀를 댔다네 둘러대기를 좋아하는 혀를

가을

1. 낙엽
오랜 시간 한 사람을 기다렸습니다
평생 한 곳만을 바라보며 살겠습니다
늘 처음의 마음으로 살아가겠습니다
부디 오셔서 저희들의 새로운 출발을
지켜봐 주시기 바랍니다
결혼 초청장 같은 낙엽이 날아든다

2. 별
별 볼일 없는 나이에 별을 본다
모래알이 가슴에 쌓인다

겨울

1. 눈길

쌀과 목화솜으로 쌓이는 눈을
쳐다보는 어머니와
벚꽃과 나비로 날아드는 눈을
바라보는 딸이
손잡고 걷고 있다

2. 허수아비

농부가 돌아간 들녘
이삭을 줍고 있는 시인

입춘

아직은
햇빛이 가랑잎처럼 얇다

차가운 하늘에
등을 드러내놓던 언덕과
버들강아지 눈을 뜨는 개울에
새 한 마리
포물선을 그리고

소녀가
나물 캐는 밭두렁엔
모자를 벗고
봄이 서 있다

구름

산을 넘고
강 건너
오셨습니다

등이 휘어
허리 한 번 펴지 못하고
쉬엄쉬엄 오셨습니다

해를 가리고
잠시 쉬면서
눈물을 비쳤습니다

저런 쯧쯧
허옇게 병이 든
딸을 보고 우셨습니다

팔도에 하나씩
아들 딸 내려놓고

홀로 흘러 다니십니다

눈물이 비가 됩니다
한숨이 눈이 됩니다
구름이 되신 장모님 장모님

부재중

한울님
하느님
하나님
그는 지금 부재중이시니라
응급실 환자들의 절규를
듣지 못한다

시화전에서
— 진안 서각전

팔도의 미녀들
수영복 차림으로
나열해 있다

삼사월 강바람과
오뉴월 햇살을 받아
윤택해진 살결이 눈부시다

순간의 아픔을 참고 새긴 문신
앞가슴을 드러내놓고
사진기 앞에서 웃고 있다

태어난 강과 산 다르지만
이어지고 합쳐진 심상
하나같이 아름답다

그릇

달면 삼키고
쓰다고 뱉을 수 없다

반 컵은 모자라고
한 컵을 넣으면 넘친다

시거나 떫어도 담고
짜거나 매워도 담는다

어깨 서로 부딪치며
쨍그렁 소리 내며 사는 세상

산

어머니 등처럼 포근하다

오르락내리락 풀숲 헤치며
샛길도 만들며 걷는다

소나무 참나무가
누이처럼 손 내밀어 끌어주고

때까치 산비둘기가
흘러간 옛 노래 불러준다

용담호처럼 맑은 하늘
구름 한 점 없이 잔잔하다

요지부동 막무가내로 혼자 살면서도
외롭지 않은 기린봉

어제는 손사래 치며 하산하라더니
오늘은 포기 말라, 더 오르라 한다

백호국수 식당에서

반복되는 일상으로
어깨가 짓눌릴 때
백호국수 식당 문을 열다
뜰 안에서 가꾼 배추로
고춧가루와 사랑을 함께 버무려
만든 김치와 몇 가지 반찬
멸치 우려낸 육수로 말아놓은 국수
젓가락으로 휘저어 입안에 넣으면
후루룩 넘어가는 맛
어머니의 손맛이다
잊고 살던 내 근원 오랜만에
여기 와서 찾는구나
아침마다
장독대 뒤 감나무에서 까치가 울던 고향
어머니가 해주던 국수
한 그릇 잘 먹고 간다

행복

병원에
가지 않는 것만으로도 행복하다

가끔 찾아가는 공원에서
아는 친구만 만나도,
일주일에 한두 번
안부를 묻는 자식들의
전화 목소리만 들어도 행복하다

머리 희고 등 휜 처사지만
아침 침대에서 눈 뜨면
아내의 손끝만 닿아도 행복하다

숨고 싶을 때

여자 천하장사 씨름대회를 보았다
결승전 경기
배지기로 엉겹결에
한 판을 내준 임수정 선수
안다리로 연속 상대방을
모래판에 눕혀서 승리한다
살다 보면 우리들
엉겹결에 배지기 한 판 당하여
모래판에 벌렁 누워
일어나지 못할 때가 있다
이럴 땐 그녀를 따라 하자
상대를 읽고
자신감을 가지고
선제공격으로 세상을 들어보면 어떨까
두더지처럼 숨고 싶을 때
꺼내어 보는 생각이다

기다림

기다림처럼 아름다운 건 없다
외발로 서서 짝을 기다리는 수성천의 백로와
한 아름 만삭이 된 여인의 기다림
병원 창가에서 두 손을 모아 기도하는 환자
승강장에서 고향 버스를 기다리는 노인
나비가 올 때까지 화장을 지우지 않는 꽃
기다림은 지루하지만 아름답다

논둑

흰나비 두 마리가
바람 등을 타고
짝짓기를 하는 한나절

논둑 위에
엉겅퀴가
얼굴이 빨개졌다

물꼬 보는 농부의
곡괭이 위에
잠자리 한 마리
앉아 있다

선인장

단군 할아버지의 말[言]이
말씀으로 떠오르는
강산江山

항시 목이 갈渴한 너는
우화寓話 한 모금으로 산다

한 번 안아볼 수 없는
이념의 가시 세우며

남남북녀
오늘도 눈빛으로만
사랑 나눈다

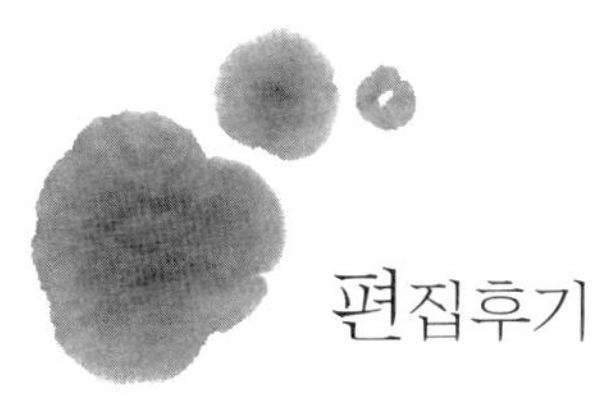

편집후기

병상에서 펜조차 들기 힘든 상태에서도 글을 쓰시는
아버님의 모습이 떠오릅니다.
그게 마지막일 줄 알았는데 이렇게 회복해서
시집을 내시는 아버님 정말 존경스럽습니다.
자판을 치면서 글을 쓰시는 모습을 손자들에게
오래오래 보여주시고 건강하세요.

— 며느리 김현숙

자주 찾아뵙지 못해 죄송하네요.
힘든 병마와 싸우면서 머릿속에 뒤섞인 생각들을
정리하는 과정을 반복하는 아빠의 모습을 보면서
힘이 되지 못해 미안해요.
그러나 시를 쓰는 작업이 아빠에게 도움이 되어
건강을 회복하셨으니 얼마나 기쁜지 모릅니다.
지금처럼만 우리 곁에 있어 주셨으면 합니다.
계시는 것만으로도 힘이 되는 부모님 사랑하고
고맙습니다.

— 숲정이 태권도체육관에서 큰딸 김이경

세월의 강물이 흘러 저희들도 모두 가정을 꾸려
아이들의 엄마 아빠가 되었습니다.
그 사이 아빠는 파도치는 강을 건너 이제야
건강과 활기를 되찾았네요.
평온함과 여유를 보이시는 아빠 모습에 감사하네요.
지금처럼 변하지 않고 아빠의 세상을 글로 써가며
손자들에게 좋은 말씀 오래오래 많이 해주세요.

— 서신동에서 작은 딸 김이숙

나이 들어 한 아이의 엄마가 되고 보니 이제야 부모의 마음을 읽게 되었습니다.
딸에서 아내와 며느리로 살아가는 과정을 거치면서
늦게 깨닫네요.
옛날이나 지금도 아빠의 끈기를 닮고 싶었어요.
지난날 이루지 못한 꿈을 다들 포기하는 나이에도
끊임없이 전진하는 모습이 자랑스럽습니다.
자주 가지 못해도 멀리서 카페에 올라오는 아빠의
시를 읽고 아빠의 마음도 읽어 봅니다.
세 번째 시집 출판을 축하드리고 글에 대한 열정
식지 않으시길 바랍니다.

— 안산에서 막내딸 김이남

김완철 제3시집

허허

초판인쇄 | 2013년 3월 13일
초판발행 | 2013년 3월 18일

지 은 이 | 김 완 철
발 행 인 | 서 정 환
발 행 처 | 신아출판사

출판등록 | 1984년 8월 17일 제28호
주 소 | 전주시 완산구 태평동 251-30
전 화 | Tel. 063-275-4000, 063-252-5633
팩 스 | (063) 274-3131
E-mail | shina321@chol.com
sina321@hanmail.net

값 9,000원

ISBN 978-89-98524-31-9 03810

* 이 책은 전라북도 문예진흥기금 일부 지원을 받았습니다.

이 도서의 국립중앙도서관 출판시도서목록(CIP)은 e-CIP홈페이지 (http://www.nl.go.kr/ecip)와 국가자료공동목록시스템(http://www.nl.go.kr/kolisnet)에서 이용하실 수 있습니다.
(CIP제어번호: CIP2013001379)